Pusti Wirbelwind rettet Weihnachten

Petra Eckert

Petra Eckert

Pusti Wirbelwind rettet
Weihnachten

Weihnachtsgeschichten für Kinder

DeBehr

Copyright by: Petra Eckert
Herausgeber: Verlag DeBehr, Radeberg
Erstauflage: 2020
ISBN: 9783957538215
Grafiken Copyright by AdobeStock by © info@nextmars.com, © Rawpixel.com, © MiaStendal, © Giordano Aita, © annamei, © Hans-Jürgen Krahl, © helgafo, © Mark Stay, © cirodelia, © Nadezda Kostina, © Alexandra Petruk, © franz12, © Kateryna, © Daria, © MamabaB, © Oxa, © grandfailure, © Marcin, © vukkostic

Inhalt

Pusti sucht den Weihnachtsmann

Hallo liebe Kinder, Mamas und Papas, Omas und Opas!

Kennt ihr schon Pusti, den kleinen Sausewind? Er hat sein Zuhause im Bautzener Dom St. Petri. Dort schläft er, wenn er vom Rumtoben müde ist.

Mit seinen Freunden, der Katze Mohrle und der alten Kirchenmaus Musi, stromert er jeden Tag durch die engen Gassen der Stadt, weht um alle Ecken und treibt seine Späße mit den Menschen.

Musi macht oft Quatsch und Mohrle ist für jeden Spaß zu haben.

Heute bleibt der kleine Wirbelwind im Dom. Leuchtende Kerzen, große und kleine Sterne und festlich gekleidete Menschen machen ihn neugierig. Heute ist ein besonderer Tag. Heiligabend!

Die Kinder in der Reihe vor ihm singen Weih-
nachtslieder, später tuscheln und flüstern sie
aufgeregt.
„Ob der Weihnachtsmann jetzt bei uns zu Hau-
se ist?"

Der Weihnachtsmann? Wer soll das sein? Da muss ich Mohrle fragen. Sie weiß doch alles.

Leise schleicht Pusti aus der Kirche. Zum Glück reicht ihm dazu ein Schlüsselloch. Draußen fallen leise Flocken und machen Straßen und Fußwege weiß. Auch auf dem Fell von Mohrle sitzen ein paar Schneekristalle. Pusti pustet sie weg und plötzlich fangen die Flocken an zu tanzen. „Wer ist der Weihnachtsmann, Mohrle?"

„Das ist ein freundlicher alter Mann mit weißem Bart, rotem Mantel und einem schweren Sack auf dem Rücken. Darin sind die Geschenke für alle artigen Kinder."

Ich bin doch auch artig und ein kleines Sturmkind, denkt Pusti. Aber der Weihnachtsmann weiß doch gar nicht, wo ich wohne. Ich muss ihn unbedingt finden.

Mit den Schneeflocken um die Wette hüpfend, macht er sich auf die Suche. Zuerst weht er durch die Reichenstraße. Links im Schaufenster sitzt einer, auf den Mohrles Beschreibung passt. Im nächsten Fenster noch einer.

Pusti hopst von links nach rechts und immer weiter. Überall Weihnachtsmänner! Aber alle sitzen still und keiner reagiert auf ihn. Pusti blickt an den wunderschönen Fassaden nach oben. Da klettert doch einer zum Fenster hinein! Unser kleiner Wind ruft, aber der Weihnachtsmann antwortet nicht. Aus den Fenstern grüßen nur Lichterbogen, Engel und blinkende Sterne.

Noch ganz in Gedanken versunken, hört Pusti plötzlich schwere Schritte. Schnell huscht er unter eine Bank.

Da stehen zwei große Stiefel vor ihm, umhüllt von einem roten Mantel. Ein schwerer Sack plumpst auf die Bank. Das muss der Weihnachtsmann sein! Er hält mit seinen Handschuhen einen Wunschzettel und liest: „Eine Puppe für Luisa und eine Eisenbahn für Felix."
Der Alte nimmt Puppe und Bahn aus dem großen Sack und verschwindet im nächsten Haus.
Nach ein paar Minuten kommt er zurück, nimmt den Sack auf den Rücken und stapft weiter.
Pusti ist von dieser Begegnung so beeindruckt, dass er ganz vergessen hat, den Weihnachtsmann anzusprechen.
Da hört er Stimmen! Aufgeregt klingt es: „Ob der Weihnachtsmann da war?"

Es sind die Kinder aus dem Dom, eine Reihe vor ihm. Sie gehen erwartungsvoll in das Haus. In dem Moment weiß Pusti: Das sind Victoria und Julian! Bald werden sie Püppchen und Eisenbahn unter dem Tannenbaum finden. Ihre strahlenden Augen sind Pustis Geschenk vom Weihnachtsmann.

Pusti hilft dem Weihnachtsmann

Erinnert ihr euch noch an das letzte Mal? Ich habe euch von Pusti, dem kleinen Wind, erzählt. Nach langem Suchen hatte er den Weihnachtsmann gefunden. Der Alte musste einen schweren Sack voller Geschenke zu den artigen Kindern schleppen.

Ja, vor Jahren war das leichter, denn da gab es am Heiligabend viel Schnee und er kam mit seinem Rentierschlitten.

Doch heute stapft er mit schweren Schritten in großen, dicken Stiefeln, warm eingehüllt in seinen roten Mantel, übers Land und durch die Stadt.

Weil viel zu wenig Schnee liegt, kann er nicht den Schlitten benutzen.

Da beschließt Pusti: „Ich helfe dem Weihnachtsmann!"

Der erste Wunschzettel treibt ihn aus der Stadt,
am zugefrorenen Stausee und am wohl ältesten
Baum der Oberlausitz, der Rieseneiche, vorbei
in ein kleines Dorf.
Viele Häuser sind liebevoll geschmückt, kleine
Tannen zeigen stolz ihre Lichterpracht und viele gelbe und rote Sterne vor den Haustüren la-
den zum Staunen ein.
Vor einem Haus bietet ihm die Terrasse eine
prima Landefläche.

Er schaut durch das große Fenster. Fünf kleine Kinder spielen unter dem bunt geschmückten Tannenbaum. Dabei erzählen sie sich, was sie auf ihre Wunschzettel gemalt haben.

Julian wünscht sich einen Traktor, Victoria einen Webrahmen, Mara einen Pferdestall, Paula eine Puppe für das neue Puppenbett und Jamina ein neues Buch mit Bauer Bolle.

Alles das hat Pusti in seinem Sack. Er stellt ihn vor das Fenster und mit viel Wirbel saust er davon. Dabei sieht er gerade noch, wie fünf große Augenpaare den Geschenkesack entdecken und sich die Nasen an der Scheibe plattdrücken.

Schnell huscht Pusti zur Stadt zurück und übernimmt vom Weihnachtsmann den nächsten Auftrag.

Auf seinem Weg schaut er in viele Fenster.

In einem Wohnzimmer sitzt die Familie beisammen, aber sie reden überhaupt nicht miteinander. Der kleine Junge spielt mit dem Handy. Flink bewegen sich nur die Daumen. Mehr nicht!

Die große Schwester will von der Freundin im Nachbarhaus wissen, wann sie sich heute treffen.

Papa ruft in der Firma an, ob alles in Ordnung ist, und Mama sucht im Internet das Rezept für den Weihnachtsbraten.

Pusti eilt schnell zum nächsten Fenster. Vorbei an einem kleinen Lichterbogen und einem hell strahlenden Stern schaut er ins Zimmer.

Da sitzt eine alte Frau auf dem Sessel, neben ihr schläft friedlich ein Kätzchen. „Das ist doch Mohrle, meine Freundin!", denkt Pusti.

Er sieht, dass die Frau in der einen Hand eine bunte Karte mit einem Weihnachtsmann und einer großen Briefmarke hält. Die haben ihre Kinder von weither geschrieben. Sie können leider wieder nicht kommen. Als die Frau die Karte aus dem Briefkasten geholt hat, ist Mohrle durch die offene Tür ins Innere gehuscht. Sie spürt, wenn jemand einsam ist. Die alte Frau streichelt glücklich lächelnd über das Fell und Mohrle schnurrt ganz laut.

Zufrieden purzelt Pusti weiter und verteilt die Geschenke. Viele Wünsche von ganz braven Kindern erfüllt er im Auftrag des Weihnachtsmannes.

Als er zuletzt in dem großen Sack sucht, ob sich noch ein Päckchen versteckt hat, findet er einen kleinen Stern, der ganz traurig ist.

„Ich wollte so gern ein Weihnachtsstern sein und einem Kind gehören", jammert er.

Pusti tut der kleine Kerl leid. Er nimmt ihn in seine Arme und saust mit ihm zurück zum Wenzelsmarkt, dem wohl ältesten Weihnachtsmarkt in Sachsen. Dort setzt er den kleinen Stern ganz oben auf die Tanne. Der Stern wird vor lauter Freude riesig groß und strahlt für alle ganz hell. Von unten winken Pusti und der Weihnachtsmann.

Pusti und der kleine Weihnachtshase

Hier ist wieder Pusti, der kleine Wind aus Bautzen.

Seit er den Weihnachtsmann kennt, freut er sich das ganze Jahr auf die Weihnachtszeit. Wenn er durch die Gassen der alten Stadt saust, stellt er sich vor, wie sie in Schneegestöber und Lichterglanz aussehen.
Außerdem will er ja dem Alten wieder beim Verteilen der Geschenke helfen. Das hat er ihm versprochen.
Sicherlich wird der Geschenkesack in diesem Jahr noch voller.

Noch ganz in Gedanken düst Pusti zum Hauptmarkt, der sich schon wieder in den Wenzelsmarkt verwandelt hat. Die große Tanne steht und sie sieht wunderschön aus mit ihren vielen Lichtern.
Doch plötzlich hört er ein leises Weinen. Er saust um die Tanne. Nichts! Er kriecht in den Baum hinein. Wieder nichts!

Aber da hört er eine leise Stimme: "Ich bin ein kleiner Osterhase und mit der Tanne in die Stadt gekommen. Mein Hasenpapa hat gesagt, dass ich schlafen soll, damit ich im Frühling beim Ostereierverteilen tüchtig mithelfen kann", schluchzt der frierende kleine Hase.

„Aber bei dem Gewusel auf dem Markt kann ich nicht schlafen", wispert er noch.
Pusti überlegt einen kleinen Moment und nimmt das Häschen einfach mit zum Weih-nachtsmann. Vielleicht kann der Kleine mit ihm schon ein bisschen für Ostern trainieren.
Endlich bringt der Alte mit dem roten Mantel und dem weißen Bart den langen Wunschzettel der Kinder.
Wie groß werden die Wünsche in diesem Jahr sein? Für Jonas wieder ein Computerspiel? Noch eine Puppe für Laura?

Ob sich Franz ein neues Haustier wünscht? Für den Hamster hat er jetzt schon kaum Zeit. Vorsichtig und neugierig schaut Pusti dem Weihnachtsmann über die Schulter. Was er sieht, kann er kaum glauben. Die kleine Laura von der Reichenstraße wünscht sich Bügelperlen. Sie bastelt so gerne. Daraus will sie für die Oma einen Untersetzer und für die Freundin ein Perlenpüppchen machen.

Jonas aus der Seidau wünscht sich ein Märchenbuch, denn er geht schon in die erste Klasse und hat Lesen gelernt. Aus dem Buch will er seiner kleinen Schwester jeden Tag vorlesen. Dabei können sie auf dem Sofa kuscheln.

Mia wohnt nicht weit vom Dom. Dort sieht sie jeden Abend den Stern am großen Tannenbaum. Das brachte sie auf die Idee mit den Nudelsternen. Sie wünscht sich eine Tüte mit diesen kleinen Sternchen.

Für ihre Mama fädelt sie daraus eine wunderschöne Kette. Und sie ist sich ganz sicher, dass Mama sie stolz tragen wird.

Franz aus der Töpferstraße ist gern mit seinem Opa zusammen. Der Opa ist als Förster jeden Tag im Wald. Franz hat ein Malbuch auf den Wunschzettel geschrieben, denn er möchte für den Opa ein Bild mit Bäumen, Blumen und Tieren malen. Das hängt er dann bestimmt in sein Büro und denkt jeden Tag an Franz.

Die Zwillinge Tina und Tino haben auf den Wunschzettel ein Spiel gemalt in vielen bunten Farben. Das Spiel sieht aus wie „Mensch ärgere dich nicht!" Das wünschen sie sich, weil sie dann mit Mama und Papa oder mit Oma und Opa damit spielen können. Das macht gemeinsam bestimmt mehr Spaß als allein vor dem Computer zu sitzen und Autos ihre Runden fahren zu lassen. Außerdem kann man so ganz nebenbei das Zählen üben. Und sie wissen: Mogeln gibt es nicht!

Pusti schüttelt verwundert den Kopf.

Er kann es kaum glauben, aber er freut sich.

Das ganze Jahr kommt er überall rum und sieht, dass viele Kinderzimmer vollgestopft sind mit Spielzeug, das nur rumliegt, mit Plüschtieren, die kaum noch Platz haben im Bett und mit Autos, über die Mama beim Bettenmachen stolpert.

Der Weihnachtsmann packt das Märchenbuch, die Bügelperlen, die Nudelsterne, das Malbuch und das Mensch-ärgere-dich-nicht-Spiel in buntes Geschenkpapier und macht um alle Päckchen eine besonders schöne Schleife.

Pusti und der kleine Hase stopfen alles in den großen Sack und ziehen los. Am Heiligabend müssen alle Geschenke pünktlich unter dem Tannenbaum in der warmen Stube liegen. Nachdem alle Geschenke verteilt sind, kuscheln sich Pusti und das Häschen zufrieden unter der großen Tanne auf dem Wenzelsmarkt zusammen. Pusti verzichtet sogar auf seinen gewohnten Schlafplatz am Dom. Im Einschlafen spürt das kleine Häschen eine streichelnde Kinderhand und nimmt sich fest vor: „Alle Kinder bekommen ein besonders großes. buntes Osterei. Versprochen!" Dann fallen auch ihm die Augen zu.

Wo ist der Weihnachtsmann?

Wieder ist ein Jahr vorbei. Der kleine Wind Pusti spürt, dass die Tage viel kürzer werden, die Dunkelheit sehr schnell hereinbricht und es merklich kühler wird. Aber auf diese Zeit freut er sich schon lange.

Seit er dem Weihnachtsmann das erste Mal begegnet ist und ihm dann auch noch helfen durfte, kann er diese Zeit voller Geheimnisse und Lichterglanz kaum noch erwarten. Wenn er jetzt durch die Bautzener Straßen huscht, sieht er, wie Fenster, Straßen und Plätze geschmückt werden.

Auf dem Hauptmarkt steht schon die große, wunderschöne Tanne. Bald erstrahlt sie wieder in heller Sternenpracht. Auch in den Schaufenstern der Geschäfte sitzen sie wieder, die vielen Weihnachtsmänner aus Stoff und Plüsch mit großem, weißem Wattebart oder auch die schlichten aus Kunststoff. Sie sitzen zwischen Eisenbahn, Puppe und Pferdekoppel, locken die Kinder zum Staunen.

Auch aus den Ärmeln von Schneeanzügen oder unter Bommelmützen schauen sie hervor, angestrahlt von vielen bunten Lichtern. Das ist die Weihnachtszeit! Doch wo ist der echte Weihnachtsmann? Den hat Pusti noch nirgends entdeckt.

Packt er noch die Geschenke ein oder bastelt er noch? Hat er sich verspätet?
Hat er verschlafen?
Wo schläft eigentlich der Weihnachtsmann? Pusti weiß es nicht. Aber vielleicht wissen es seine Freundinnen Musi und Mohrle?
Er flitzt zum Dom. Die Maus und die Katze sitzen einträchtig beieinander und schlürfen heißen Kakao. Der kleine Wind fragt ganz aufgeregt, ob sie den Weihnachtsmann schon gesehen hätten und wo er denn schlafen würde und warum er denn noch nicht da ist.
So viele Fragen auf einmal!

Sie wissen natürlich, wo der Weihnachtsmann schläft. In einem kleinen Wäldchen nahe am Stausee. Dort hat er die nötige Ruhe und kann sich vom Weihnachtsstress erholen.

Die drei machen sich auf den Weg zum Weihnachtsmann.

Als sie dort ankommen, sehen sie, dass der Weihnachtsmann nicht verschlafen hat. Es ist viel schlimmer! Er hat sich das Bein gebrochen und kann nicht laufen.

Nun ist guter Rat teuer! Pusti, Mohrle und Musi sehen sich einen Moment lang an und wissen genau: Dem Weihnachtsmann muss man helfen! Erfahrungen haben sie ja schon aus den vergangenen Jahren.

Zuerst sortieren und lesen sie die Wunschzettel der Kinder.

Dann müssen die Weihnachtswichtel ans Werk und die eine oder andere Nachtschicht einlegen. Es wird emsig gebacken, gehämmert, gemalt und gestrickt.

Dann werden alle Geschenke in buntes Papier eingepackt und zum Schluss kommt noch eine große Schleife drum und schon ist das Geschenk fertig.

Der Weihnachtsmann hat das alles genau aus seinem Sessel beobachtet.

Nun hängen sie an jedes Päckchen ein kleines Schild mit dem Namen des Kindes, damit auch ja alles an der richtigen Stelle ankommt. Jetzt heißt es noch, die Geschenke zu verteilen.

Die Zeit drängt. Bald ist schon der Heilige Abend. Und wie jedes Jahr warten alle Kinder auf den Besuch des Weihnachtsmannes. Der hat in diesem Jahr viele fleißige Helfer, die von Ort zu Ort, von Haus zu Haus eilen und alle Geschenke verteilen.

Pusti saust viele Kilometer durch die verschneite Landschaft, Maus und Katze sind in Bautzen unterwegs, das Häschen hoppelt mit einem kleinen Geschenkesack durch die Altstadt und der kleine Stern vom großen Weihnachtsbaum klettert in den großen Sack und verteilt mit dem Weihnachtsmann die Päckchen an die Kinder. Die haben von dem ganzen vorweihnachtlichen Trubel nichts mitbekommen, denn der dicke, weiße Verband am Bein des Weihnachtsmannes ist unter dem langen roten Mantel versteckt.

Für die Kinder war es ein Weihnachten wie immer. Unsere kleinen Freunde aber haben sich eine extra Portion Ruhe nach der Hektik verdient. Der kleine Stern schläft oben im Baum, das Häschen darunter. Musi und Mohrle schleichen zum Dom und Pusti schnarcht schon unter der Kirchenbank. Geschafft!

Mehr von Pusti, dem kleinen Wirbelwind, von Petra Eckert bei DeBehr

Kommt mit Pusti, dem kleinen Wind! Er zeigt euch heute eine geheimnisvolle Stadt. In der wunderschönen Lausitz gibt es eine mittelalterliche Stadt namens Bautzen, auch genannt Budissin. Sagenumwoben ist sie noch heute. Dieser Stadtführer lädt Kinder ein, ihre Geheimnisse zu erkunden.

- Wusstet ihr schon, dass es in Bautzen sprechende Steine gibt?
- Wisst ihr, dass die Bautzener Ostereier einen Berg hinunter kullern lassen?
- Kennt ihr den Turm, in welchem man einen echten Räuber gefangen hielt?
- Wisst ihr, dass eine Zigeunerin einen Zauber über ein kleines Häuschen in dieser Stadt gelegt hat?

Dies und noch viel mehr erfahrt ihr vom kleinen Wirbelwind. Ein kindgerechter, interessanter Stadtführer mit vielen Bildern. *Preis: 9.95€, ISBN: 9783939241768*

Über die Autorin

Mit viel Liebe schreibt die Autorin Petra Eckert für Kinder.
Sie ist Stadtführerin im schönen Bautzen. Stadtgeschichte und Historie für die Jüngsten, verpackt in geheimnisvolle Geschichten, so begeistert sie ihr kleines Publikum.

Für Petra